D1727602

PRZYSŁOWIA POLSKIE

Rymowanki dla dzieci

Dorota Strzemińska-Więckowiak

Tekst: Dorota Strzemińska-Więckowiak

Ilustracje, skład, okładka i przygotowanie do druku: Wojciech Górski

Korekta: Natalia Kawałko, Elżbieta Wójcik

Wydanie I
Wydrukowano w Polsce

Wydawnictwo SBM Sp. z o.o.
ul. Sułkowskiego 2/2
01-602 Warszawa

 www.WYDAWNICTWO-SBM.pl

Spis treści

Kocie dąsy
czyli **Trafić z deszczu pod rynnę**

Kotek Mruczek miauczy „miau",
Coś dobrego zjeść by chciał.
Mysz do dziury mu ucieka,
Nie ma nawet miski mleka.
Gospodyni go przegania
I zabiera się do prania.
W gospodarstwie wre robota,
Nikt tu nie dba dziś o kota.

Mruczek złościć się zaczyna,
Z gniewu szary grzbiet wygina.
„Już o mleko nie poproszę,
Ze wsi szybko się wynoszę" –
Urażony głośno fuka.
Teraz szczęścia w mieście szuka.

Tam też mleka się nie napił,
Wprost pod rynnę z deszczu trafił.
Po ulicach psy biegają
I na Mruczka wciąż szczekają.
Kot już ze zmęczenia dyszy,
Nie ma nigdzie żadnej myszy.

To nie miejsce jest dla kotów,
Mruczek na wieś wracać gotów.
Będzie w polu myszki łapał
I przy piecu głośno chrapał.

Budowanie samolotu

czyli **Co dwie głowy, to nie jedna**

Olek sporo ma kłopotu
Ze złożeniem samolotu.
Model dostał wprost przecudny,
Ale bardzo, bardzo trudny.
W głowie mu się niemal kręci,
Leży przed nim ze sto części.
Od godziny już pracuje,
W całość skleić je próbuje.

Olek drapie się po głowie,
Może tata coś podpowie?
Jego tata jest pilotem
I steruje samolotem.

Tata rwie się do pomocy:
„Zrobię, synku, co w mej mocy!
Ale najpierw daj instrukcję,
Ta wyjaśni nam konstrukcję.
Poskładamy tym sposobem
Krok po kroku cały model".
Nie tracili ani chwili –
Jak rzekł tata – tak zrobili.
Co dwie głowy, to nie jedna,
Każda wszak pomysłów pełna.
Tata przód calutki złożył,
Olek skrzydła zaś dołożył.
Szybko model posklejali,
Mama już samolot chwali.
Praca, kiedy ma się wsparcie,
Idzie szybciej już na starcie.

Choroba na niby
czyli **Paluszek i główka to szkolna wymówka**

Gdy wstawania przyszła pora,
Mała Ala strasznie chora!
Boli głowa, bolą uszy –
Z łóżka chyba się nie ruszy.

„Gardło, mamo, także drapie –
Marszcząc czółko, Ala sapie –
Na śniadanie to dam radę
Przełknąć tylko marmoladę".

„Ja tu, Alu, nie pomogę,
Zbadać sama cię nie mogę.
A rumieńce – jestem zdania –
Pojawiły się z wyspania.

Skoro jesteś taka chora,
Biegnę dzwonić po doktora.
Zaraz przyjdzie z lekarstwami –
Syropami, zastrzykami".

Kiedy mowa o doktorze,
Ala wstać już z łóżka może.
Szybko zmyka do łazienki
I apetyt wraca wielki.

Mama tylko głową kręci:
„Iść do szkoły nie masz chęci!
Bo paluszek oraz główka,
Toż to szkolna jest wymówka!".

Czekoladowa zwada

czyli **Jaka praca, taka płaca**

Kazio oczka swe przeciera,
Z ogromnego wprost zdziwienia.
Mama z pysznej czekolady,
Co miał zjeść do lemoniady,
Jedną tylko kostkę dała –
A calutką obiecała!

„Chyba mam ja dziś omamy,
To oszustwo, proszę mamy!
Gdzie tu jakieś są zasady?
Mama chyba szuka zwady!
Miałem pokój swój posprzątać,
Później ładnie się wykąpać.
Załatwione – z mojej strony –
Uszy czyste, ład zrobiony!".

No a mama, zwykle miła,
Troszkę już się rozzłościła:
„Kaziu! Gdzie tu jest porządek?
Większy jest wśród moich grządek!
I zabawki, i książeczki,
Zamiast włożyć na półeczki,
Pod poduszki pochowałeś,
Gatki znów za szafę dałeś!

Czarna szyja i paznokcie,
Całyś brudny aż po łokcie!
Ty w łazience prysznic brałeś,
Czy w kałuży się kąpałeś?
Jaka praca, taka płaca –
Więc wysiłek się opłaca.
Sam umowę dziś złamałeś,
Serca w pracę nie wkładałeś!".

Dociekliwa Jola

czyli **Kto pyta, nie błądzi**

Jola jest ciekawa świata,
Pyta mamę, tatę, brata –
Skąd się biorą deszczu krople?
Jak powstają zimą sople?

Czemu liście z drzew spadają?
Na czym świerszcze w trawie grają?
Jak zapina się guziki
Lub jak wiązać ma buciki?

Jola słucha odpowiedzi,
Niczym trusia wówczas siedzi.
Bardzo przy tym jest przejęta,
Bo czy wszystkie zapamięta?

Jola się mądrzejsza staje,
Bo pytania wciąż zadaje.
Przecież jeszcze jest za mała,
Aby wszystko wiedzieć miała.
Choć ma tylko cztery lata,
Wie, skąd jest cukrowa wata,
Że po styczniu będzie luty,
Sama umie włożyć buty.
Niemal wszystkie zna literki
I poznaje też cyferki.
Wie, że gdy deszcz z nieba pada,
To parasol się rozkłada.
Bo kto pyta, ten nie błądzi,
W błędzie, kto inaczej sądzi.

Malowanie na niby
czyli **Złej baletnicy przeszkadza rąbek u spódnicy**

Macza Franek pędzle w farbach,
Kartka cała w różnych barwach!
Jednak zamiast obrazkami,
Zapełniła się plamami.
Franek, drapiąc się po głowie,
Myśli: „I co pani powie?
Praca przecież to domowa,
Wcale jeszcze niegotowa".

Głowa boli od dumania
I w obłokach wciąż bujania.
Nie na malowanie kota,
Lecz na figle jest ochota.

Mama pracę nadzoruje.
„Jak ci idzie?" – podpytuje.
Franek tylko głośno ziewa,
Kartkę plamą znów zalewa.

„Farby, mamo, chyba stare,
Ich kolory jakieś szare.
Pędzle także do niczego".
Mama na to: „Nic nowego!
Synku drogi, złej baletnicy
Przeszkadza rąbek u spódnicy.
Gdy u kogoś nie ma chęci,
Od wszystkiego się wykręci.
Często jednak coś robimy,
Choć nie bardzo to lubimy.
Weź się prędko do roboty,
Nie narzekaj na przedmioty!".

Kieszonkowe na lizaka

czyli **Ziarnko do ziarnka, a zbierze się miarka**

Ania z mamą przy sobocie –
Kiedy pora na łakocie,
Wczesnym rankiem szły na miasto,
By na deser kupić ciasto.

A w cukierni, niczym w raju,
Torty w każdym są rodzaju:
Z galaretką, śmietankowe,
Z bezą – nawet owocowe.

Są w cukierni też lizaki.
Kuszą Anię różne smaki,
Różne kształty, różne wzory
I bajeczne wręcz kolory.

„Mamo, kupisz mi takiego? –
Ania zjadłaby jednego. –
Bardzo cię, mamusiu, proszę,
Ja w kieszonce mam dwa grosze.
Tylko tyle mi zostało,
Na lizaka to za mało".

Mama Anię zapytała,
Gdzie pieniążki swe wydała.
Ania się zarumieniła,
Łakomczuchem bowiem była.
„Czekolada, trzy cukierki
Oraz owocowe żelki…
Na nic więcej nie starczyło,
Czy to dużo, mamo, było?".

„Droga Aniu – rzekła mama –
Te słodkości zjadłaś sama?
Bratu nic nie zostawiłaś?
Oj, rozrzutna bardzo byłaś!".
Ania mamie obiecała,
Że już będzie odkładała
Kieszonkowe na lizaki –
Będą miały układ taki.

Gdy tak sobie rozmawiały,
Pan sprzedawca torcik cały
Do pudełka zapakował
I odezwał się w te słowa:
„Ziarnko do ziarnka,
A zbierze się miarka.
Gdy za tydzień tutaj wrócisz,
To lizaka sobie kupisz".

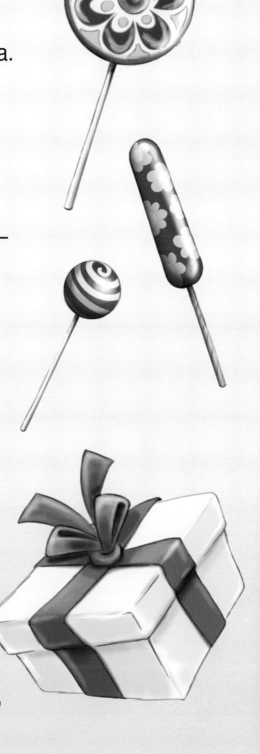

Bój o słoninkę
czyli **Gdzie dwóch się bije, tam trzeci korzysta**

Czy słyszycie głośne spory?
To zadziorne dwie sikory.
Od godziny już się czubią –
Nie dlatego, że się lubią.
Toczą bój o pyszne danie,
Każda ma ochotę na nie.
Bo słoninka jest w karmniku,
Zawieszona na druciku.
Oba ptaszki stroszą pióra,
Wielka z tego awantura!

Żadna z sikor nie ustąpi,
Bo w zwycięstwo swe nie wątpi.
Cały czas śnieg z nieba pada,
Jak tu znaleźć gdzieś owada?
Aby przetrwać ciężką zimę,
Trzeba walczyć o słoninę
Oraz słonecznika ziarna –
To zimowa ptaszków karma.

Z tego zgiełku skorzystała
Trzecia sikoreczka mała.
Do karmnika się zakradła
I słoninę całą zjadła.
Te, co w kłótni pióra puszą,
Obejść smakiem dziś się muszą.
Gdzie dwóch się bije, tam trzeci korzysta –
Prawda to, dzieci, jest oczywista!

Kuchenny galimatias

czyli **Gdzie kucharek sześć, tam nie ma co jeść**

Jutro w domu wielkie święto,
Wypiek ciasta już zaczęto.
Jest więc cukier, trochę mleka,
Jajka, mąki kilka deka.

Niemal wszyscy domownicy
Są zebrani przy stolnicy.
Bijąc pianę w wielkiej misie,
Rozmawiają o przepisie.

Jest tu mama, babcia, ciotki –
Te mieszają lukier słodki.
Tylko nie ma tutaj taty,
Bo na dętce klei łaty.

A ja, Karol, obserwuję –
Jutro pięć lat już świętuję.
Tort ogromny mi się marzy,
Jego los się teraz waży.

Patrzę nagle, a dziewczyny
Mają coś nietęgie miny.
Kiedy w kuchni plotkowały
Przepis cały pozmieniały.

Cukier z solą pomyliły,
A rodzynki gdzieś zgubiły,
O śmietanie zapomniały,
Widząc biszkopt – wprost zdębiały!

Babcia wówczas się zeźliła,
Wszystkie z kuchni wygoniła.
Bo gdzie jest kucharek sześć,
Zwykle nie ma tam co jeść!

Sama zatem tort szykuje,
Pięknie przy tym podśpiewuje.
Teraz właśnie kręci krem –
Może zaraz trochę zjem!

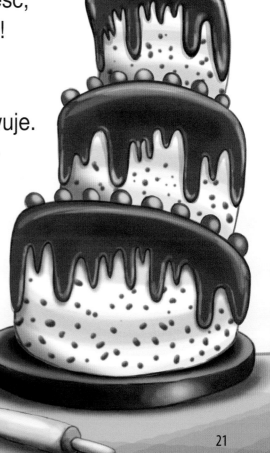

Lekcji odkładanie
czyli **Co się odwlecze, to nie uciecze**

Józio się na mamę boczy,
Od godziny spór z nią toczy.
Mama obiad każe zjadać,
Potem lekcje w mig odrabiać.
Przy jedzeniu czas umyka,
Józio szybko kęsy łyka.
A koledzy, w wielkim kółku,
Grają w piłkę na podwórku.
Zamiast siedzieć tu, przy stole,
Chciałby z nimi strzelać gole.
Dzień się jeszcze wszak nie kończy,
Zrobić lekcje potem zdąży.

Józio sztuczek swych próbuje
I tak mamę przekonuje:
„Później wszystkie lekcje zrobię,
Najpierw w piłkę pogram sobie".
W głębi ducha tylko marzy –
„Może cud się jednak zdarzy...
Może mama czymś zajęta
Mych obietnic nie spamięta".

Mama jednak nie ustąpi,
W zapewnienia Józia wątpi.
„Synku – mówi – ty wieczorem,
Nawet myjesz się z mozołem.
Nie ustajesz w narzekaniu
Przy tornistra pakowaniu.
Po zabawie z kolegami
Szybko zaśniesz nad książkami.
Szkoda twego narzekania,
Bierz się zaraz za zadania!
To jest najpilniejsza sprawa,
Potem czeka cię zabawa.
Stare przysłowie tak oto rzecze:
Co się odwlecze,
to nie uciecze".

Zapomniane śniadanie
czyli **Kłamstwo ma krótkie nogi**

W szkole dzwonek głośno dzwoni,
Ula już do domu goni.
A gdy tylko w progu stanie,
Mama pyta o śniadanie –
„I jak, córciu, smakowało?
Czy nie było ci za mało?
Może o nim zapomniałaś,
Lub koledze znów oddałaś?"

Mama co dzień jej do teczki
Wkłada owoc i bułeczki
Tak się mama dla niej stara,
By energię Ula miała
Na czytanie i liczenie,
Na śpiewanie i ćwiczenie,
Malowanie i na tańce,
Na skakanie na skakance.

Ula myśli tylko chwilkę,
Po czym robi słodką minkę.
Zapomniała o śniadaniu,
Sił próbuje więc w kłamaniu:
„Zjadłam, mamo, całą bułkę,
Co chrupiącą miała skórkę.
I jabłuszko smakowało,
Sokiem niemal ociekało".

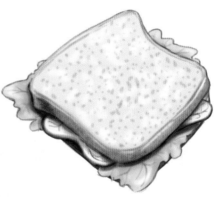

Mama bardzo się zdziwiła,
W słowa córki nie wierzyła.
Bo kanapki z chleba były,
Bułki wczoraj się skończyły.
Zamiast jabłka była gruszka.
Oj, z tej Uli jest kłamczuszka!

Mama mówi w sposób srogi –
„Kłamstwo ma wszak krótkie nogi!
Bardzo proszę, nie kłam więcej,
Prawdę powiedz mi czym prędzej".

Dokuczliwy Maciuś

czyli **Nie śmiej się, dziadku, z czyjegoś przypadku**

Maciuś się naśmiewa z brata,
Który ma od rana katar.
Mama brata mocno tuli,
Daje syrop mu z cebuli
(Smak niedobry bardzo ma,
Ale wypić się go da).

Brat też kicha, pokasłuje
I nos ciągle wydmuchuje.
Psotny Maciek do swej teczki,
Chowa przed nim wciąż chusteczki,
To złośliwie przed nim siada
I ciastkami się zajada.
Brata bardzo gardło boli,
Ślinę łyka więc powoli.
Zjadłby jedno ciastko chętnie,
Ale przecież go nie przełknie.
Maciek się naśmiewa z brata:
„Sam zjem wszystkie, twoja strata!".

I tak bratu wciąż dokucza,
W końcu mama go poucza:
„Nie śmiej się, dziadku, z czyjegoś przypadku,
Dziadek się śmiał i to samo miał.
Pociesz, Maciusiu, brata w chorobie,
Niech czuje wsparcie w twojej osobie.
Byłbyś wciąż do śmiechu skory,
Gdybyś tak jak on był chory?".

Choć przestrogą słowa były,
Bardzo szybko się spełniły.
Maciuś też się rozchorował.
Szybko nos pod kołdrę schował
I przeprosił brata swego,
Wszak choroba – nic śmiesznego.

Mała złodziejka

czyli **Apetyt rośnie w miarę jedzenia**

Lata sroka nad domami,
Goni wciąż za błyskotkami.
Coś się pięknie w słońcu świeci?
Już do tego sroka leci!
To prawdziwa jest złodziejka,
Kradnie wszystkie świecidełka –
I pierścionki, i kolczyki,
Kolorowe koraliki.
Skradnie skrawek też papierka,
Co ozdobą był cukierka.

Wokół domów wciąż poluje,
Swoje skarby tam znajduje –
Na okiennym parapecie,
Ogrodowym stole w lecie...
Wie, gdzie cacka zdobyć można,
W swych kradzieżach jest ostrożna.

Złotko niesie już do gniazda,
Mieszka jak prawdziwa gwiazda.
Nie ma dużo w nim przestrzeni,
Ale wszystko się tu mieni.

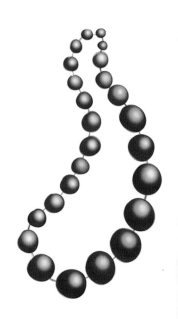

Nad drzewami leci sroka,
Widzi szkiełko znów z wysoka.
Potem jeszcze był łańcuszek,
Blaszka z kolorowych puszek.
Te błyskotki pełne czaru…
Sroka nie ma w nich umiaru.
Wszystko w dziób swój spakowała,
Choć na złotku skończyć miała.
Było to jednak do przewidzenia –
Apetyt rośnie w miarę jedzenia.

Sroka miała skarbów dosyć,
Lecz znalazła jeszcze grosik.
Gdy do gniazda go wkładała,
Wówczas gałąź się złamała.
Sroka zbyt ją obciążyła –
Przez to, że zachłanna była.
Wcale jednak nie żałuje,
Nowe gniazdo już buduje.
Zrobi teraz jeszcze większe,
Aby było pojemniejsze.

Nagroda za pracę
czyli **Bez pracy nie ma kołaczy**

„Po co, tato, się pracuje?" –
Mała Zosia podpytuje.
„Widzisz, córciu – rzecze tata –
Wszak za pracę jest zapłata.
Piękne lalki i sukienki,
Kredki, książki i cukierki,
Czekolady oraz ptysie,
Czy pluszowe, wielkie misie –
Za pieniążki kupujemy,
Nie za darmo dostajemy.

Praca, Zosiu, dużo znaczy,
Bez pracy nie ma kołaczy.
Zawsze będzie nagrodzona,
Jeśli dobrze jest zrobiona.
Ja swą pilnie wykonuję
I pieniążki otrzymuję.
Pilny uczeń zbiera piątki,
Ty – nagrodę za porządki.

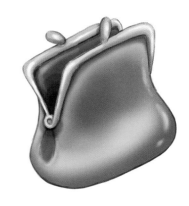

Kto z lenistwa wciąż próżnuje,
Smakołyków nie kupuje,
W szkole zbiera – nie pochwały –
Tylko do dzienniczka pały.
Kto w pokoju nie posprząta,
Idzie wówczas stać do kąta.
Zawsze warto jest się starać
I wysiłek w pracę wkładać.
Kto pracuje – ten zyskuje,
Kto się leni – czas marnuje".

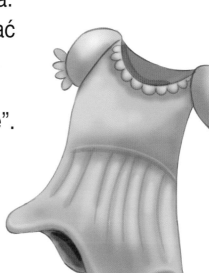

Niedbały Grześ

czyli **Jak sobie pościelesz, tak się wyśpisz**

Wraca dzisiaj Grześ ze szkoły,
Nie jest jednak zbyt wesoły.
Pani Grzesia upomniała,
Gdy zeszyty pozbierała.
Dzieci swe zeszyty dały,
Bo wciąż o nie przecież dbały.
Tylko Grześ się niezbyt spieszył,
Bowiem nie dbał o swój zeszyt.

Ani trochę się nie starał,
I literki brzydkie stawiał.
Zeszyt kartki miał pomięte,
Cztery rogi w nim zagięte.
I kleksami był usiany –
Jak muchomor nakrapiany.

Pani aż się zatrwożyła,
Kiedy zeszyt otworzyła.
Mama też go obejrzała
I Grzesiowi powiedziała:
„Słusznie pani upomniała.
Za co ciebie chwalić miała?

Jak sobie pościelesz,
Tak się wyśpisz, Grzesiu.
Gdybyś o swój zeszyt dbał,
Tobyś dobry humor miał".

Orzechowy niedosyt
czyli **Lepszy rydz niż nic**

Wiosna zimę przegoniła,
Ciepłym słońcem las spowiła.
Duże, małe leśne stwory,
Wyszły wreszcie ze swej nory.
Dosyć już pochrapywania,
Z boku na bok przewracania!

Dwie wiewiórki wcześnie wstały,
Rude kity przeczesały.
Z dziupli w drzewie, gdzie mieszkały,
Żwawo razem w las pognały.
Bo z zapasów im została,
Łupin tylko sterta cała.

A po zimie wielka bieda,
Pożywienia nikt im nie da.
Jak tu zebrać wielkie łupy,
Kiedy wkoło są skorupy?
Gdy minęły dwie godziny,
Już nietęgie miały miny.
Chętnie przerwę by zrobiły
I w orzechy zęby wbiły.

Nagle patrzą, a na ziemi,
W słońcu coś się pięknie mieni.
Czy to koniec dalszej troski?
Toż to przecież orzech włoski!

Wiewióreczka płacze: „Mały!
Na pół podzielimy cały?".
Na to druga ją zagadnie:
„Ty grymasisz? Oj, nieładnie.
Dla mnie lepszy rydz niż nic" –
Mówi i na drzewo hyc!

Przedszkolna draka
czyli **Nie czyń drugiemu, co tobie niemiłe**

Dziś w przedszkolu wielka draka,
A za sprawą to chłopaka –
Filip zwie się nasz gagatek,
Bardzo psotny czterolatek.
Koleżankom wciąż dokucza,
Chociaż pani go poucza.
Zwykle uspokoi prośbą,
Czasem też napomni groźbą.
Gdy więc Filip coś nabroi,
To za karę w kącie stoi.

Cóż takiego dziś się stało?
Filipowi się dostało!
Był niegrzeczny przy śniadaniu
Już przy mleka nalewaniu.

Mała Hania mleko piła,
Lecz kożucha nie lubiła.
Grubo się na górze zbierał
I apetyt jej odbierał.

Filip jej ze swego mleka
Wrzucił kożuch i ucieka.
A sam za nim nie przepadał,
Zwykle go koledze dawał.

Hania aż się rozpłakała,
Że ta przykrość ją spotkała.
Pani, która to widziała,
Tak Filipa upomniała:
„Nie czyń drugiemu, co tobie niemiłe –
Spróbuj być grzeczny chociaż przez chwilę".

Przygody z latawcem

czyli **Nie ma co płakać nad rozlanym mlekiem**

Mały Jasio głośno łkał.
Czyżby zły humorek miał?
Nie, to sprawa jest poważna,
Rzecz się bowiem stała straszna!

Puszczał dziś latawca z dziadkiem –
Aż latawiec (czy przypadkiem?)
Pomknął w niebo, aż pod chmury,
Wiatr unosił go do góry.

„Zaraz, Jasiu, drzew dosięgnie –
Dziadziuś zasapany biegnie. –
A jak wplącze się w gałęzie,
Już na zawsze tam uwięźnie!".

Jak powiedział – tak się stało,
Nieco mocniej wnet powiało
I latawiec w drzew koronie
Osiadł jak ten król na tronie.

Niczym grochy lecą łzy,
Jasio smutny jest i zły.
Dziadziuś głaszcze go po głowie,
Mądre słowo także powie:

„Nad rozlanym mlekiem nie płacz
I humoru przez to nie trać.
Jutro latawca znów zbudujemy,
Trochę uważniej puszczać go będziemy".

Psotna Zuzia

czyli **Gdyby kózka nie skakała, toby nóżki nie złamała**

Skacze Zuzia na skakance,
Co zabrała koleżance –
A właściwie pożyczyła,
Bo jej lalka się znudziła.

Gdy skakaniem już się zmęczy,
Zjedzie szybko po poręczy.
Cały kurz sukienką zbierze –
Przecież mama ją wypierze!

Ma dziewczynka dużo sprytu,
Nie brak u niej apetytu –
Na przygody i zabawy.
Brak w niej strachu i obawy!

Wielki trzepak czy huśtawka
To prawdziwa dla niej gratka!
Płot czy drzewo także kusi –
Sprawdzić jabłka Zuzia musi…

Ma rumieńce, włos rozwiany,
Strój już całkiem potargany!
Lecz zmęczenia nie odczuwa,
Po podwórku niemal fruwa.

Aż tu w końcu przy niedzieli,
Zeskoczyła z karuzeli.
Spadła prosto na kolana –
Skóra cała podrapana!

Mama biegnie na ratunek,
Już szykuje opatrunek.
Łzy osuszy, ucałuje –
Tego Zuzia potrzebuje.

„Moja córciu, szkoda łez.
W tym przysłowiu prawda jest:
Gdyby kózka nie skakała,
Toby nóżki nie złamała.

Gdybyś grzecznie się bawiła,
Tobyś kolan nie rozbiła.
Kto tak psoci oraz skacze,
Ten na koniec czasem płacze!".

Skoki pod obłoki
czyli **Wszystko dobre, co się dobrze kończy**

Dwa koziołki się spotkały,
Już od rana brykać chciały.
Nudne było im podwórko,
Gdzie biegały tylko w kółko.
Urządziły więc zawody,
W koźlich skokach przez przeszkody.

Do południa tak fikały,
Wszystkie skoki się udały.
Wtem dopadło je zmęczenie,
Pora zatem na wytchnienie!
Oba resztę sił zebrały
I do sadu wnet pognały.
Tam odpoczną w chłodzie cienia,
Znajdą coś do przekąszenia.
Skubną trochę gruszki, jabłka,
Może będzie marchwi natka?

Jeszcze tylko jeden krok,
A właściwie jeden skok,
By pokonać sadu płot,
Więc koziołki robią hop!

Płot po chmury był wysoki,
Przewróciły się na boki!
Nie złamały rogów, nogi,
Wpadły bowiem w siana stogi.
Chociaż strach miał oczy wielkie,
Lądowanie było miękkie.
„Wszystko dobre, co się dobrze kończy" –
Rzekł tata kozioł obok przechodzący.

Zmagania o puchar

czyli **Nie mów hop, póki nie przeskoczysz**

Julek skacze „hop" do wody,
To w pływaniu są zawody.
Każdy styl jest dozwolony,
Julek w żabce jest wprawiony.
Dziś bez tremy wystartował,
Niczym rybka zanurkował.
Wszak zawody już wygrywał,
Nieraz puchar też zdobywał.
Buzię zdobi dumna mina,
Te zawody to rutyna!

Płynie niby od niechcenia,
Swych rywali nie docenia.
Wie, że puchar znów dostanie
I na podium dumnie stanie.

Już przepłynął cały basen,
Nie wie jednak, z jakim czasem,
Na wyniki jeszcze czeka.
Sędzia dłużej już nie zwleka
I zwycięzców wywołuje –
A widownia wiwatuje.

Wnet Julkowi zrzedła mina.
Cóż to znowu za nowina?
Nie ma go w zwycięzców gronie?
Już ze wstydu cały płonie.
Trener klepie go po plecach
I na przyszłość tak poleca:
„Nie mów hop, póki nie przeskoczysz,
I na podium na pewno nie wskoczysz.
Trzeba umieć też przegrywać
I rywali oklaskiwać".

Spór o strój

czyli **Jajko mądrzejsze od kury**

Biała zima już nastała,
Ziemię śniegiem zasypała.
Dzieci lepią śnieżne kulki
I na sankach jeżdżą z górki.

Romek na dwór się wybiera,
Mama ciepło go ubiera.
Tęgich mrozów nastał sezon –
Wkłada gruby kombinezon
I skarpety, I rajstopy,
By nie zmarzły chłopcu stopy.

Romek już się złości, wierci,
Bo na czapkę nie ma chęci.
I tak mamę przekonuje:
„Czapki ja nie potrzebuję.
Głowa przecież nie odpadnie,
Jeśli śnieg mi na nią spadnie.
Nie chcę także rękawiczek,
Więc je kładę na stoliczek.
Jak mam bawić się śnieżkami?
Ledwo ruszam wszak palcami!

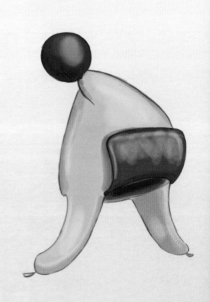

A czy mama w nie ubrana
Ulepiłaby bałwana?
Ja tu mamie nie dokuczam,
Tylko trochę ją pouczam".

Mama głaszcze go po głowie
I Romkowi tak odpowie:
„Ja też, synku, dzieckiem byłam,
Wiele wiosen, zim przeżyłam.
Wiem, że jeśli mocno mrozi,
Z domu w czapce się wychodzi.
Jeśli tylko zmarznie głowa,
To choroba jest gotowa!
Rękawiczki ręce grzeją,
Bez nich palce ci skostnieją.
Dziwna kolej to natury,
Że jajko mądrzejsze od kury.
Starszych, Romku, trzeba słuchać,
Dobrej rady u nich szukać".

Wielkie pakowanie
czyli **Wybierać się jak sójka za morze**

Basia ciocię obserwuje,
Jak na wczasy się pakuje.
Pokój pełen aż po brzegi,
Stoją waliz w nim szeregi.
Ciocia jedzie na Mazury,
Już znudziły jej się góry.

Wzdycha ciocia, lamentuje
I manatki wciąż pakuje.
Do odjazdu jej została,
Wszak godzina już niecała.
Torby niemal w szwach pękają,
Zamknąć nawet się nie dają.
Biedna ciocia z sił opada,
Na bagażach swych przysiada.

Basi jednym tchem wymienia,
Co ma jeszcze do włożenia:
„Szminkę, grzebień i perfumy,
Kąpielowe trzy kostiumy.
I słoneczne okulary –
Ich też wezmę ze dwie pary.

Wszystko będzie mi potrzebne,
Przecież to jest niemal pewne!".

W końcu torby spakowane,
Stoją już naszykowane.
Buty ciocia założyła,
Po czym jednak zawróciła,
Bo biletu zapomniała,
Co na pociąg zabrać miała.
Jedną nogą znów za drzwiami:
„A gdzie torba z gazetami?
Podróż będzie długo trwała,
Coś bym chętnie poczytała".

Jak sójka za morze ciocia się wybiera,
Myśl o podróży bardzo jej doskwiera.
Co wyjdzie z domu – zaraz powraca,
Czas do odjazdu szybko się skraca.
Gdy dziesięć minut ledwo zostało,
Wczasów się cioci już odechciało.

„Stres przed drogą wprost mnie zjada –
Mówi Basi – Trudna rada.
Razem miło czas spędzimy
Zaraz też się zanurzymy!
Gdzie? W basenu chłodnej wodzie,
Co za domem jest w ogrodzie!".

Pogodowe psoty
czyli **W marcu jak w garncu**

Mruczy niedźwiedź: „Wiosna blisko,
Czas opuścić legowisko!"
Ptasie trele go zbudziły,
Koniec zimy ogłosiły.

W brzuchu strasznie mu burczało,
Z sadła wiele nie zostało.
Kiszki marsza głośno grały,
Pospać dłużej już nie dały.
Śniły mu się słodkie miody,
Ryby wyłowione z wody
I wędrówki – długie, leśne –
Lecz czy na to nie za wcześnie?

Ledwo łapy rozprostował,
Wnet w kryjówkę głowę schował,
Bo ze słońca, śpiewu ptaków,
Nie zostało żadnych znaków.
Niebo chmury wskroś zasnuły,
Całkiem humor mu popsuły.
Śnieg też gęsty zaczął sypać,
Miś nasz znowu chce zasypiać.

Cóż za figle to natury
Dzień zmieniły w szarobury?
W marcu jak w garncu – przysłowie znamy –
Wtedy kapryśną pogodę mamy.
Śpij więc, misiu, sobie smacznie,
Zanim słonko świecić zacznie.
Wiosna w pełni nie nastała.
To natura pokaz dała!
Jeszcze raz na jakiś czas,
Śnieg znów może przykryć las.

Wizyta u dentysty

czyli **Nie taki diabeł straszny, jak go malują**

Jasia bardzo ząbek boli,
Płacze Jasio i biadoli:
„Przyznam – mamy nie słuchałem
I o zęby swe nie dbałem.
Wciąż słodycze podjadałem,
Krótko zęby szczotkowałem.
Zamiast myć tuż po posiłku –
Myłem po godzinach kilku,
Kiedy mama upomniała,
I szczoteczkę mi podała".

A gdy bardzo boli ząbek,
Trzeba szybko wstawić plombę.
Do dentysty umówiony,
Siedzi Jasio przerażony:
„Już wysiedzieć wprost nie mogę!
Chyba zaraz dam stąd nogę!".

PASTA
DO ZĘBÓW

Pan dentysta uśmiechnięty,
Widząc, jaki Jaś przejęty,
Zamiast zacząć borowanie
I surowe pouczanie,
To pokazał mu szczoteczki
I o ząbkach dał książeczki.

W dziesięć minut – z borowaniem
Oraz dziury plombowaniem –
Pan dentysta się uwinął
I ból zęba nagle minął.
Ząb jest zdrowy raz, dwa, trzy,
I obeschły Jasia łzy.

Mama dumna z synka była,
Że nie płakał, pochwaliła,
A pan doktor krzyknął: „Brawo!".
I Jaś wstał z fotela żwawo.

Była także i nagroda,
Która zębom zdrowia doda.
Dostał Jasio szczotkę, kubek
Oraz pasty dziesięć tubek.

Nie straszny diabeł, jak go malują.
Nie straszni dentyści, choć zęby borują.

Zaczarowany ogród

czyli **Czuć się jak ryba w wodzie**

Ola z babcią przy pogodzie
Zawsze bawią się w ogrodzie.
Nawet wówczas, gdy jest słota,
Gdy po kostki pełno błota,
To kalosze zakładają
I wśród kałuż też pląsają.

Jak to babcia czasem powie,
Ogród jest jej oczkiem w głowie.
Kolorowe w nim rabaty,
Na nich są przeróżne kwiaty:
Malwy, bratki oraz astry.
Babcia wciąż wyrywa chwasty,
Sadzi także w nim warzywa,
Które prosto z grządek zrywa.

Warta jest wysiłku praca,
Ogród pięknem się odpłaca
I tak, niby od niechcenia,
Z porą roku wciąż się zmienia.
Wszystko bujnie kwitnie wiosną
I krokusy w trawie rosną,

Latem w nim winogron kiście,
Na jesieni złote liście.
Zimą, gdy śnieg pierwszy spada,
Ogród w błogi sen zapada.

Babcia zawsze w tym ogrodzie
Czuje się jak ryba w wodzie.
Ola babcię swą rozumie –
Ogród pięknem wszak czaruje.
Każda chwila w nim spędzona,
Nie jest ani ciut stracona.
Tu leniwie czas upływa,
Tu się zawsze odpoczywa.

Sposób na samochodzik
czyli **Nie dolewaj oliwy do ognia**

Mama biegnie po zakupy,
Nie ma z czego zrobić zupy.
Stasia z sobą też zabiera,
Szybko zatem go ubiera.

W sklepie rzeczy cała masa
I ubrania, i kiełbasa.
A na dziale z zabawkami,
Półka jest z samochodami.
Jeden z nich jest najpiękniejszy –
Oczywiście ten największy.
„Kup, mamusiu, mi tamtego,
Mercedesa czerwonego".
Mama jednak się nie zgadza,
Samochodzik mu odradza.

A Staś ciągle się upiera,
Już z policzka łzę wyciera.
„U mnie nic nie wskórasz złością –
Mama mówi mu z czułością –
Pomóż zrobić mi zakupy,
Bo nie będzie dzisiaj zupy.

Gdy autobus nam odjedzie,
To będziemy w wielkiej biedzie!".

Staś, choć mama go strofuje,
Wciąż cierpliwość jej testuje.
Dzięki fochom, które stroi,
Chce postawić tu na swoim.

Mama próbę swą ponawia,
Do rozsądku mu przemawia:
„Szlochaj dalej, trudna rada,
Chociaż wcale nie wypada.
Samochodu ci nie kupię!".
Na to Staś ze złości tupie.

Mama mocno rozzłoszczona,
Z zakupami już spóźniona,
Chociaż serce u niej miękkie,
Bierze syna już za rękę.
„Dość mam, Stasiu, tego sporu,
Więc nie stawiaj mi oporu.
Nie dolewaj oliwy do ognia.
Twoje dąsy i tak znoszę co dnia.
Nie przesadzaj z humorami,
Pomóż mamie z zakupami".

Wielkie poszukiwania

czyli **Koniec języka za przewodnika**

To zaradna jest Halinka,
Chociaż mała z niej dziewczynka.
Dziś sobota jest leniwa,
Mama z tatą odpoczywa.
A Halinka pomysł miała,
Kanapeczki zrobić chciała.
Na zakupy, całkiem sama,
Poszła więc z samego rana.
Sklep dwa kroki był od domu,
Wyszła zatem po kryjomu
Kupić bułki na śniadanie –
Wszak nic złego się nie stanie.

Dla Halinki to wyprawa,
A wszystkiego jest ciekawa.
Najpierw kota zobaczyła,
Przez minutę go goniła,
Potem kwiaty podziwiała,
Bukiet chabrów nazrywała.
I choć droga prosta była,
To dziewczynka się zgubiła.

W zadumaniu chwilę stoi,
Wcale jednak się nie boi.
Koniec języka za przewodnika!
Pędzi na drugą stronę chodnika.
Bo grupę ludzi widzi z daleka,
Więc z pytaniami swymi nie zwleka.
Zna wszak swój adres, swoje nazwisko,
Wie, że do domu jest całkiem blisko.
Wszyscy Halince też pomóc chcieli –
Drogę wskazali jej po kolei.

Tym to sposobem do domu wróciła,
Zakupy także zrobić zdążyła.
Rodzice mocno ją uściskali –
Już o córeczkę się zamartwiali.
Obiecać Halince kazała mama,
Że na zakupy nie pójdzie już sama.

Dziwna roślina
czyli **Nie wszystko złoto, co się świeci**

Mała pszczółka zbiera pyłek,
Towarzyszy jej motylek.
To przyjaciół dobrych para,
Co w dzieciństwie się dobrała.
Kwiatów są amatorami
I wielkimi smakoszami.
Lecą z kwiatka na kwiatuszek –
Motyl, by napełnić brzuszek.
Pszczółka nieco pyłku zjada,
Część na miodek też odkłada.

Lecą szybko nad łąkami,
Polnych kwiatów są znawcami.
Pośród trawy jest bławatek,
A tuż przy nim inny kwiatek.
Jego płatki pięknie błyszczą,
Swą czerwienią dumnie pysznią.
Chwilę mu się przyglądają,
Bo takiego to nie znają.
„Pyłek ma na pewno pyszny –
Motyl aż z radości piszczy –
Będzie bardzo nam smakować!"
I już frunie popróbować.
Trochę pyłku w buzi schował,
Ale szybko pożałował.

Kwaśna u motyla mina –
Cóż to znowu za roślina!?
Choć wygląda wprost przecudnie,
To smakuje wręcz paskudnie.
Tyle znanych kwiatów wkoło,
A to było jakieś zioło.
Pamiętajcie zawsze, drogie dzieci:
Nie wszystko złoto, co się świeci.

Sposób na jajecznicę
czyli **Co nagle, to po diable**

Jurek ledwo z łóżka wstanie,
Babcia robi mu śniadanie.
Na stół kładzie masło, bułki,
Pokrojone dwa ogórki.
I kiełbasę, i szyneczkę,
Lukrowaną też babeczkę.
I twarożku dziesięć deka,
A w dzbanuszku trochę mleka.

Choć się babcia wielce trudzi,
Jurek jednak tak marudzi:
„Mnie się jajecznica marzy.
Może babcia ją usmaży?".
Babcia się po kuchni krząta,
Zmywa, czyści, zmiata, sprząta.
Wiklinowy kosz przynosi
I tak tylko wnuczka prosi:
„Do kurnika się wybierzesz
I jajeczka z grzędy zbierzesz".

Jurek biegnie do kurnika,
A czas szybko mu umyka.

W telewizji będzie bajka,
Szybko zebrać chce więc jajka.

Wpada chłopiec do kurnika,
Aż mu kura spod nóg zmyka.
Tu się schyli, a tam kuca,
Do koszyka jajka wrzuca.

Babcia koszyk wnet dostała,
Ze zdziwienia aż zadrżała.
Jajka bowiem w nim pływały,
Niemal w całość już się zlały.
Babcia łyżką żółtka łowi,
Wreszcie mówi tak wnuczkowi:
„Jajecznicę sam zrobiłeś,
Wszystkie jajka, Jurku, zbiłeś.
Nie przez losu to złośliwość,
Lecz przez twoją niecierpliwość.
Kiedy robi się coś nagle,
To – jak mówią – jest po diable.
Czyli, gdy się człowiek spieszy,
To się często diabeł cieszy.
Praca wówczas nie wychodzi,
Pośpiech, Jurku, zwykle szkodzi".